MOTIFS
DE CONVICTION

SUR L'EXISTENCE

du

DUC DE NORMANDIE,

Par MM. Gruau et Laprade.

PRIX : 1 FRANC.

A PARIS,
CHEZ MADAME Vᵉ GOULLÉ, LIBRAIRE,
AU PALAIS-ROYAL, GALERIE D'ORLÉANS,
ET CHEZ MONTMAUR, RUE DE SEINE, S.-G., 54.

1836.

Imprimerie de Poussielgue, rue du Croissant-Montmartre, 12.

SUR L'EXISTENCE

DU

DUC DE NORMANDIE.

L'immense procès qui s'instruit au sujet de l'existence du fils de Louis XVI a grandi prodigieusement depuis les mesures illégales du pouvoir à son égard; pour tout homme impartial et pour quiconque veut réfléchir le doute aujourd'hui n'est plus permis. Les plus hostiles et les plus indifférents sont forcés de convenir que la détention du réclamant pendant vingt-cinq jours, au dépôt de la préfecture de police, sans cause avouée et sans qu'on ait pris la peine de régulariser cet acte aux termes de nos lois, que la saisie de ses papiers et son expulsion hors de France sont un certificat qui répond à toutes les objections. Si le gouvernement n'eût pas été convaincu que M. de Naündorff est le véritable orphelin du Temple, au lieu d'arrêter son procès devant les tribunaux civils on se fût empressé d'en provoquer la solution, afin d'obtenir contre l'imposteur une sanction judiciaire. On ne l'eût pas traité avec plus de ménagement que les faussaires qui l'ont précédé, et dont une décision de justice a suffi pour anéantir les intrigues et vouer le nom au mépris comme au ridicule du pays. Que sont devenus Hervagaut, Philippeau, Richemont et tant d'autres? Les partis qui les mirent en avant n'ont recueilli que la honte de leur perfidie. Une dernière imposture eût amené un semblable résultat, en laissant agir le cours des lois. Mais non, on redoutait le triomphe des droits les plus légitimes. La marche de la vérité n'est pas celle du mensonge. Le prince *reconnu pour tel* a appelé sa famille devant ses juges : quel intrigant avait osé le faire avant lui? Il devenait dès lors constant que loin de redouter l'œil scrutateur des magistrats, le duc de Normandie se confiait à l'intégrité de leur conscience. Il demeurait encore pour certain que l'issue des débats judiciaires serait infailliblement un triomphe solennel, parceque la magistrature française rend des arrêts de justice et non pas des services. La conjoncture était difficile. Les ministres du roi des Français, qui mieux que personne savent l'existence du fils de Louis XVI, qui depuis trois ans, tout en le surveillant, le laissaient libre, ces ministres se reposaient dans une molle sécurité, tant que le combat n'avait pas été engagé. Au moment où l'assignation a été lancée ils n'ont pu dissimuler leur effroi, puisque deux jours après, à la hâte, ils font arrêter le prince, saisir ses papiers, et que sans les réclamations énergiques et incessantes qui ont eu lieu de la part de ses avocats l'expulsion eût été consommée dans les vingt-quatre heures.

Aucune loi n'autorisait ces actes de haute administration, pas même les lois de bannissement contre la famille des Bourbons. L'embarras donc était sérieux, et, pour en sortir, les ministres, comme sanction de la raison d'état qui dirigeait exclusivement leur conduite, appelèrent à leur secours cette loi non écrite de leur gouvernement, l'empire de la nécessité.

Après avoir épuisé administrativement toutes les juridictions, remis une plainte à M. le garde-des-sceaux, les arrêtés du ministre ont été attaqués devant le conseil d'état.

Que décidera le conseil d'état? la cause de l'opprimé a été défendue avec non moins de zèle que de désintéressement par une des célébrités de notre barreau, Me Crémieux, l'appui de toutes les infortunes. L'arrêt qui devait être prononcé le jeudi 21 ne sera connu que le 4 du mois d'août, après les journées de juillet, d'après une remise motivée. Nous renverra-t-on devant les chambres? Nous ne pouvons le penser. Ce serait livrer à la merci d'une majorité ministérielle le plus sacré de tous les intérêts, puisqu'il s'agit de la liberté individuelle. Evidemment le conseil d'état est compétent pour prononcer si vingt-six jours de détention sans mandat, si un bannissement fondé sur un prétexte déguisé, ne sont pas de ces mesures qui, exercées illégalement, doivent être brisées par sa justice suprême. La responsabilité ministérielle autrement deviendrait illusoire, et la liberté aurait été comprise dans ce sens qu'il n'y a pas une autorité en France qui pût redresser les actes de bon plaisir des ministres.

Il est donc évident désormais, aux yeux des esprits droits, que le gouvernement n'a pu consentir à tant d'illégalités que pour écarter le véritable fils de Louis XVI et empêcher sa reconnaissance.

Toutefois on s'est trompé quant aux conséquences de ces actes; la justice civile est saisie, le procès aura son cours, et quand les délais de rigueur seront expirés les plaidoiries apprendront au monde étonné par quelle série d'atroces persécutions les hommes du pouvoir, en France et en Prusse, ont tenté de supprimer l'infortuné duc de Normandie. La circonspection et l'annonce de faux dauphins, qu'on doit nous opposer encore, ne nous permettent pas de devancer le grand jour des lumières par des discussions prématurées et par la publicité de documents qui doivent être présentés seulement en face des tribunaux. La confiance du prince a déjà trop de fois été trahie; les factions en ont trop habilement abusé, en exploitant les communications qui étaient échappées à sa bonne foi, et en fournissant aux imposteurs, notamment au baron de Richemont, les secrets qu'ils s'étaient procurés dans des papiers qui furent soustraits au véritable dauphin, et dans des lettres écrites à sa famille pendant le règne de ses oncles et après la chute de la restauration. Que n'a-t-on point entrepris pour perdre ce malheureux prince et l'empêcher de venir en France depuis 1814? Accusations mensongères, arrestations politiques, amères ironies, propos insultants, articles de journaux: le génie du mal s'est transformé sous toutes les faces; mais la honte et l'opprobre en retomberont de tout leur poids sur la tête des coupables, car la vérité sera connue, et la vérité tout entière. N'y a-t-il pas dégoût quand on lit dans certaines feuilles, et surtout dans celles qui veulent se faire passer pour monarchiques, de prétendus extraits de la presse étrangère, partis de Paris ou de Prague, comme nous en avons la preuve, qui n'ont d'autre mérite que d'être payés à tant la ligne, et qui suent tout au long la bassesse et la calomnie! Le silence d'un profond mépris est la seule réfutation qui convienne.

En attendant que nous puissions donner au public la continuation de la vie du prince, nous allons tracer ici un aperçu rapide des causes morales qui ont formé une conviction irrésistible par le seul discernement de l'esprit et les principes d'une philosophie toute chrétienne. Nous communiquons en même temps des détails du plus piquant intérêt qui ont été recueillis sur les lieux par Me Laprade, avocat, dans un voyage qu'il vient de faire en Prusse et à Dresde, où réside la famille du prince.

Gruau, *avocat, ancien procureur du roi.*

AUX INCRÉDULES.

POURQUOI JE CROIS AU DUC DE NORMANDIE !

Je crois au duc de Normandie parceque je crois à la providence, et que dans un événement aussi grave que celui dont le dénouement se prépare l'action immédiate de la providence est visible pour moi. Il doit donc exister une masse d'accidents et de particularités dont il sera impossible à la raison humaine de se rendre compte autrement que par cette soumission religieuse à la volonté d'en haut, qui domine les pensées comme les actes de l'homme. « Dieu l'a voulu ainsi » doit être la réponse à bien des pourquoi, à bien des comment, que l'on peut entasser dans cette affaire, dont les détails connus étonneront nécessairement l'intelligence, qui veut assigner à tout des causes puisées dans les habitudes du corps social et l'expérience du passé.

Quoi de plus prodigieux en effet que la conservation du fils de Louis XVI, son existence inaperçue pendant quarante années de tourmente politique, qui ont si diversement agité la France et les autres nations ! Pour les esprits légers et superficiels, quoi de plus propre à provoquer un sourire de pitié que son apparition subite, surtout dans les circonstances du moment, où la vérité peut en apparence tourner au profit du pouvoir, comme le ferait une intrigue habilement concertée! Pourtant aujourd'hui c'est un fait dont l'évidence apparaîtra au jour fixé dans les décrets éternels. On aura beau vouloir obscurcir la vérité, la vérité se fera jour à travers les obstacles que soulèvent les passions du mal; et ce sont ces obstacles eux-mêmes qui hâteront son triomphe éclatant. La lumière, sans aucun nuage, forcera les ténèbres à la comprendre, car c'est ici la marche de la providence. Dans le dénouement qu'un esprit religieux entrevoit l'homme n'y sera pour rien, que tout autant qu'il sera utile comme instrument. Ce dénouement sera l'œuvre d'une toute-puissance, qui confondra les esprits forts, la présomption du génie, les combinaisons de la politique, l'égoïsme de l'orgueil et de l'intérêt, toutes les considérations de talent, de savoir vivre, la sagesse prétentieuse du siècle, son indifférence, ses insultantes plaisanteries, tout ce cortége de préventions et d'incrédulités, toute cette cohorte de gens qui ne pensent que sous l'asservissement de l'opinion publique, et qui nient hardiment sans vouloir prendre la peine d'examiner, gens qui du reste croiront sur la foi d'un article inventé de journal que la lune est habitée par des hommes ailés.

Les motifs de ma croyance et de ma conviction sont dans la conséquence d'un point de morale qui ne saurait tromper personne. Si j'étais dans l'erreur, mon erreur serait irrésistible, car elle serait basée sur une foule de faits matériels dans l'espace de plus de cinquante ans, sur un concours aggloméré de circonstances, d'incidents, de particularités, qui tous se réuniraient vers un but unique, et, dominant ma raison, viendraient m'attester le mensonge avec des caractères de certitude qui ne peuvent convenir qu'à la vérité. Dieu, qui est la vérité même, ne peut ainsi favoriser l'imposture en la présentant aux cœurs droits avec l'invincible physionomie d'une chose vraie. Je verrais ici un miracle d'imposture qui bouleverserait toutes les règles de morale; aussi l'imposture serait pour moi plus inconcevable que la vérité. Ma foi, loin d'être aveugle, est donc sainement raisonnée; elle est telle que devant Dieu, qui connaît la sincérité de mon ame, je ne pourrais m'en débarrasser sans mentir à ma conscience. Dès lors, peu soucieux des sarcasmes et des dégoûts qui sont l'escorte accoutumée du petit nombre de ceux qui proclament une vérité méconnue par tous dans son principe, j'annonce hautement, je déclare avec fermeté une conviction qui m'entraîne. Oui, je suis certain que le fils infortuné du roi-martyr a été sauvé du Temple; je suis certain que, victime de nos troubles révolutionnaires, il a recueilli l'héritage de souffrances et d'angoisses que lui légua sa royale famille; qu'arrosé du sang de tant de martyrs il a bu au même calice d'amertume; qu'image imparfaite de l'Homme-Dieu il a jusqu'à nos jours traversé quarante années d'une vie toute de supplices et d'abjection. Trahi, délaissé, pauvre et insulté, ceux qui devaient l'aimer le poursuivent de leurs dédains. Pourtant il ne vient point troubler des existences acquises. Etre d'immolation, sans fiel sur le passé, sans haine sur le présent, il a offert à Dieu le sacrifice de ses infortunes ; il n'en demande compte à personne. Hélas ! que peut-on craindre de lui, lui orphelin de têtes couronnées ! il est le plus petit des hommes ; sa cause, tout en dehors de la politique, n'est qu'une question d'état civil ; il réclame devant les tribunaux de son pays le nom qui lui appartient : voilà tout. Pourquoi donc se hâter de le flétrir comme s'il était un misérable intrigant ? Des faussaires se sont présentés avant lui ; et, réfléchissez bien, le faux ne saurait être que l'imitation du vrai. Ceux-là, la justice les a recherchés ; ils ont été stigmatisés du cachet de l'ignominie. Lui, au contraire, il se livre avec confiance à l'examen judicieux de la magistrature, à l'étude de la France, de l'Europe entière ; il sollicite des entrevues avec sa famille, il se déroule sans déguisement en face de quiconque veut l'observer ; il ne se tait ni devant ses amis, ni devant ses ennemis ; il appelle les démentis, les contradictions ; il cite des faits, il explique ce qu'il a été. Si l'on veut être de bonne foi, il faut avouer que ce n'est pas là tout à fait la tactique de l'imposture. A tant de précision dans les premiers errements d'un procès qui s'instruit que répond-on ? Tout bonnement : Nous ne comprenons pas ; c'est impossible.

Oh ! si l'homme ne croyait que ce qu'il comprend absolument, que ce qu'il peut se prouver par lui-même, il n'y aurait pas de foi possible dans la plupart des choses de la vie. Mais dites-moi, comprenez-vous bien la révolution française et ses véritables causes, l'élévation, les conquêtes et la chute de l'empire, la restauration, les Cent-Jours, le paysan de la Beauce, la croix de Migné, la révolution de 1830? Comprenez-vous Dieu?

Le personnage que vous écrasez de vos mépris n'a point encore faibli sous le poids d'accusations sans portée; le ridicule l'assiége de toutes parts: il ne suit pas moins sa ligne de conduite. Il ne suffit pas de dire: C'est un imposteur! sans prendre la peine de le prouver. C'est un imposteur! pourquoi? parcequ'il se dit le fils de Louis XVI. Dans un pareil langage je ne découvre que de la passion, pas la moindre trace de jugement. Evidemment l'imposture n'est pas dans la prétention d'identité, mais dans la fausseté des preuves dont il l'appuie. Or, jusqu'ici vous n'avez pas encore démontré qu'il ait menti en rien; vous n'avez pas signalé l'ombre même de l'imposture. Vous vous bornez à dire: ça ne se peut pas! Eh bien! c'est précisément ce *ça ne se peut pas* qu'il s'agit de vérifier. Lui se pose hardiment; il ne peut se méprendre sur ce qu'il est; il prend le nom de fils de Louis XVI. Il ne vous dit pas: Croyez-moi; mais: Jugez-moi. Il ne peut échapper à un résultat qui sera pour lui ou triomphe ou déshonneur. Ce résultat, il le recherche, il indique les moyens d'y arriver. Vous, pour toute objection vous répétez: C'est impossible. Dénier de la sorte n'est pas juger, c'est diffamer.

Si vous n'avez rien de mieux à dire, attendez l'arrêt souverain de la justice qui pèse et qui discute; la prudence et l'humanité vous prescrivent d'être circonspects; car cet intrigant qui vous inspire tant de dédain pourrait bien être tout simplement ce qu'il dit être, le fils de Louis XVI. Dans tous les cas, moi qui suis sans prévention, et qui apprécie un fait sans intérêt, je crois à ce qui me semble infailliblement la vérité jusqu'à ce que des documents irrécusables m'aient appris mon erreur; et en me dessinant ainsi je suis plus conséquent dans ma croyance que vous dans votre incrédulité.

Je crois au duc de Normandie parceque je ne concevrais pas que le fils d'un horloger de Crossen, à Crossen même, à Spandau, à Brandebourg, à Dresde, à Berlin, fût reconnu par la notoriété publique comme prince français; je ne concevrais pas que dans un pays où l'usurpation d'un nom est punie rigoureusement, un individu, inscrit sur les registres publics sous le nom de Naündorff par ordre du gouvernement, pût se permettre impunément d'écrire au roi de Prusse une lettre signée *le duc de Normandie*; qu'il adressât, en qualité de fils de Louis XVI, des protestations à tous les états, notamment en France; qu'il eût fait des tentatives sans nombre pour être reconnu par la famille des Bourbons, qui toujours, et sur le trône de France, et sur la terre d'exil, garde un silence singulièrement accusateur contre elle; que le duc de Berri, eût été assez imprudent pour s'associer à une imposture en répondant à une lettre du duc de Normandie avec toute la bienveillance d'un parent qui le reconnaît; que M. d'Agout, ambassadeur à Berlin, eût bien voulu se charger de porter aux pieds du roi une réclamation officielle dont le résultat a été le rappel de M. d'Agout; que parmi tous les noms honorables dont le témoignage est invoqué pas un n'eût eu l'énergie de donner un démenti. Je ne concevrais pas que précisément, au milieu de tant de circonstances qui attestent l'impossibilité d'une imposture, un fils d'horloger prussien, sans cause avouée, eût été pendant toute sa vie l'objet d'une persécution politique atroce et permanente; qu'il rappelât tous les détails minutieux qui sont relatifs à des événements passés en France, à des lieux qui ont changé d'aspect, et qu'il réunît sur sa personne les habitudes, la ressemblance, les signes physiques qui étaient particuliers au Dauphin.

Je ne concevrais pas qu'un étranger d'origine, parlant mal français, arrivât à Paris, sans argent, sans amis, sans appui; restât plusieurs jours confondu parmi le peuple de cette immense capitale, vivant du pain du peuple; comme le petit peuple encore, pendant trois jours et trois nuits n'ayant aucun toit pour abri; que dans cet état d'humiliation, il fût successivement reconnu et entouré par d'honorables et anciens serviteurs de la monarchie, qui tous avec attendrissement retrouvent dans sa personne l'infortuné prisonnier du Temple; quand on cite M. de Joly, dernier ministre de Louis XVI, le seul en exercice le 10 août 1792, et qui seul, dans cette fatale journée, assista la famille royale de son dévouement; quand on cite madame de Rambaud, qui a connu et élevé le Dauphin depuis sa naissance jusqu'en 1792; madame de Saint-Hilaire, attachée au service de madame Victoire; M. de Saint-Hilaire, ayant aussi toujours eu une charge importante à la cour; M. de Bremond, sous-secrétaire d'état au département de l'intérieur; quand on sait que tous ces personnages, justement environnés de la considération publique et grands par leurs souvenirs non moins que par leur position sociale, ont été voir ce prétendant fils de roi avec un esprit hostile et prévenu; je ne concevrais pas que chacun, par des moyens d'épreuve qui lui sont personnels, revienne convaincu de l'identité et soit aujourd'hui son plus ferme appui. Je ne concevrais pas, si c'était un imposteur, que dans ces circonstances données, quelque génie qu'on lui suppose, il eût pu faire une seule dupe, parmi les gens même d'un esprit borné; que depuis trois ans qu'il est circonvenu, étudié, disséqué en quelque sorte, il ne se fût pas trahi un seul instant; et que la conviction loin de s'affaiblir se propage et soit partagée par des hommes tels que leur nom fait autorité.

Depuis trois ans un grand nombre d'amis de tous les rangs et de tous les âges, qui ne veulent ni tromper personne ni être trompés, ont eu avec lui des communications de tous les instants. Si leur croyance pouvait être supposée l'effet d'une noble illusion, cette illusion n'eût pas résisté à un examen, à une investigation aussi assidus; tous ne seraient pas demeurés sous la fascination d'un prestige d'erreur. L'esprit de l'homme est si varié dans ses conceptions, si diversement affecté par les mêmes causes, que chacun se compose une opinion par une disposition intérieure, inhérente à son caractère. Quand un fait simple se présente aux regards d'un grand nombre, sous une multiplicité de nuances, sous une combinaison de faces qui se subdivisent en spécialités, comme une source de preuves particulières à chaque individu; si le sentiment de tous est uniforme, si l'opinion est unanime, s'ils se fortifient par l'étude, et qu'en dehors d'aucuns motifs d'intérêt qui préviennent il n'y ait à recueillir de la solution que déboires et désagréments, c'est pour moi le cachet de la vérité, d'une vérité incontestable.

Je crois au duc de Normandie par les raisons qui font que les autres n'y croient pas, *le silence de sa famille.*

Les Bourbons ne le reconnaissent pas : d'abord il est faux que la famille royale ne le reconnaisse pas ; elle refuse de le voir, malgré les démarches réitérées qui ont eu lieu pour amener sa sœur à lui accorder une entrevue. Oh! cette résistance a quelque chose de bien décisif pour l'homme qui réfléchit. Point d'action sans un mobile déterminant. Si le duc de Normandie était un imposteur, il redouterait la décision de Madame après examen ; car s'il n'est pas son frère il ne pourra le lui persuader, et d'un seul mot la duchesse d'Angoulême aurait vengé sa famille des imputations qui la noircissent et qui affligent les cœurs royalistes ; d'un seul mot elle aurait jugé le procès, démasqué l'intrigue, éclairé la France, confondu le misérable qui, en se parant d'un nom auguste, usurpe la confiance de Français honorables et de bonne foi qui seraient devenus ses dupes. La Dauphine doit à son honneur d'accorder l'entrevue depuis si long-temps sollicitée ; autrement on est fondé à croire qu'elle craint de découvrir la vérité ; et alors son opiniâtreté s'explique par les calculs d'une politique qui a laissé pendant seize ans gémir au fond des cachots un prince qui devait régner en 1814.

Que rien n'étonne les vrais croyants, ni la conduite de Prague, ni la répugnance d'une partie du clergé, ni les insultes de soi-disant légitimistes, parceque la Providence elle-même a ménagé cet événement par des ressorts qui sont en dehors des prévisions de l'homme. Il importe sans doute que de l'accomplissement de ses décrets impénétrables surgissent de grands enseignements pour les peuples et de salutaires leçons pour les rois. Dieu veut frapper un de ces coups qui remueront les ames les plus glacées.

Je crois au duc de Normandie parceque je crois à Martin : Martin évidemment pour moi a été chargé d'une mission divine ; cette mission, long-temps annoncée d'avance, l'a conduit à la cour de Louis XVIII. Nonobstant tous les efforts des courtisans, des médecins, de la police, qui tendaient à le faire passer pour un fou, il avait l'ordre direct de déclarer au roi qu'il occupait un trône usurpé, et qu'il eût à rendre le sceptre à Louis XVII ; que s'il persistait dans l'injuste détention du pouvoir souverain les plus grands malheurs fondraient sur la France. Le trône est demeuré dans des mains coupables, et la famille de nos rois vit exilée pour la troisième fois sur une terre étrangère! L'assassinat du duc de Berri, la naissance du duc de Bordeaux, les calamités prédites ont manifesté le surnaturel des révélations du pauvre paysan de la Beauce. Dieu ne se communique pas aux hommes pour leur prophétiser l'imposture; donc le fils de Louis XVI existe. Martin était un homme probe et craignant Dieu, et Martin a salué du titre de prince le prétendant actuel: donc ce prétendant est véritablement le fils de Louis XVI.

Voyons comme tout se lie, tout s'enchaîne; comme tout concourt aux fins qu'un esprit religieux entrevoit; comme les intrigues et les expédients du mensonge sont déconcertés au profit d'un fait dont ils essaient en vain d'obscurcir la vérité.

A peine le bruit s'est-il répandu que le duc de Normandie va porter sa réclamation d'état devant les tribunaux et publier des mémoires qu'aussitôt les factions s'agitent et mettent en avant un baron de Richemont, qu'ils affublent du nom, du titre et des prétentions du véritable fils de roi. La justice le saisit, on lui fait son procès. Des groupes de partisans stipendiés encombrent les avenues du palais; il s'y rencontre bien aussi des gens de bonne foi qui recherchent la vérité. Tout à coup, et au milieu de la solennité des débats, apparaît M. Morel de Saint-Didier, l'un des amis du prince. Il dépose entre les mains du président de la cour une lettre signée du duc de Normandie, qui traite de misérable escroc le jongleur politique qu'on lui oppose, afin de populariser le ridicule à son égard. Le ministère public requiert l'arrestation de M. de Saint-Didier, et la cour, statuant après délibéré, rend un arrêt puissant qui déclare avec la loi que se dire fils de Louis XVI n'est pas un délit, et qu'on ne peut sans arbitraire maintenir l'arrestation du mandataire de l'auteur de la lettre. L'incident donne lieu à des dépositions de témoins qui affirment énergiquement croire à l'existence du Dauphin, que ce Dauphin n'est pas le prévenu. Richemont stupéfait balbutie quelques niaiseries; il est condamné non pour s'être mensongèrement qualifié de duc de Normandie, mais pour des causes infamantes. La foule se disperse, et chacun rit de pitié de cette ignoble comédie. Toujours est-il que le masque de l'imposture prête un éclat de plus à la vérité. Cette tactique maladroite des factions a encore procuré au prince deux décisions de justice qui sont sa sauvegarde : Se dire fils de Louis XVI n'est pas un délit, car Richemont est acquitté de ce chef de prévention; — Aider de ses conseils le personnage qui se prévaut d'une semblable qualification, lui prêter assistance n'est pas un délit non plus, la cour d'assises ayant délivré à M. Morel de Saint-Didier un passeport pour qu'il retournât auprès de l'infortuné continuer son œuvre de dévouement. Ainsi le parti qui s'était flatté d'entraver l'instance actuelle par une rouerie reproduite à d'autres époques, et notamment celle où figura

Mathurin Bruneau, ce parti a simplifié la marche du procès en dissipant une appréhension qui, quoique mal fondée, l'eût peut-être gênée et ralentie sans la manifestation des magistrats qui devient une protection légale.

Et l'homme de lettres Thomas? dans son rôle de traître, en voulant perdre son bienfaiteur, l'ami devant lequel il courba respectueusement la tête; en le dénonçant à l'opinion publique, en tentant de l'intimider par son libelle diffamatoire, il lui a rendu un service signalé dont on ne saurait trop apprécier les conséquences. Ce rédacteur parjure d'un journal dont la devise était *la justice*, en acceptant les affronts qui ont dévoilé tout le hideux de ses pensées, lui aussi il a prouvé qu'il était menteur et homme de faction. En succombant sous la flétrissure d'un jugement qui le dénote calomniateur, il a ajouté un degré de force supérieur à l'empire des faits dont il voulait détruire l'impression. La vérité dont il fut l'organe est demeurée comme auparavant sans réfutation, sans démenti; l'auguste victime que son ame cupide avait résolu d'exploiter, sous menace d'une ruine complète, par son attitude digne et confiante aux regards de la France entière, a recueilli un premier triomphe qui fait honneur à la magistrature. Désormais pour elle la protection de la justice lui est assurée. Le prince a paru devant elle; son avocat a fait entendre une voix éloquente qui a imposé silence au génie du mal et remis chacun à sa place. L'accusé a pris le rôle de l'accusateur, et M. Thomas, qui dans le délire de ses calculs méditait de faire jeter en prison le duc de Normandie, ce M. Thomas, surpris par un de ses créanciers au sortir de l'audience, fut lui-même conduit à Sainte-Pélagie. Qui pourrait méconnaître le doigt de Dieu, qui partout et visiblement se montre aux esprits droits dans les moindres circonstances de cette cause toute providentielle ?

Mais, redit-on en tous lieux comme autant de perroquets qui ne savent articuler qu'un certain nombre de mots mille fois répétés, pouvons-nous croire au duc de Normandie? son existence incriminerait trop cruellement la famille des Bourbons! Et le duc de Bordeaux, cet enfant du miracle, que deviendrait-il?

A de pareils dires la raison ne peut répondre que par un silence de pitié. En effet consultez non pas les maîtres de logique, mais l'homme sans éducation, d'un gros bon sens naturel; demandez-lui ce qu'il penserait de quelqu'un qui lui soutiendrait: Le fait que vous avancez n'est pas vrai, car s'il était vrai un tel serait criminel. L'homme simple ne répliquerait rien pour n'être pas insolent. Toutefois son contradicteur ne passerait pas dans son esprit pour un être de génie. Oh! il y a d'affreux mystères cachés sous la politique des grands.

Et quant au duc de Bordeaux, que vient-on mêler une question d'avenir à une question simple d'état civil? le présent seul appartient à l'homme; l'avenir est à Dieu. Le 26 juillet 1830, si Martin ou tout autre avait dit: Dans trois jours le duc d'Orléans occupera le trône de France, qui l'aurait cru? Le chrétien s'humilie devant la toute-puissance de Dieu sans vouloir sonder l'infini. Pour moi, lorsque je médite sur ce que j'ai vu je me forme une opinion des temps à venir. Cette opinion je la garde devers moi; il me suffit, dans la conjoncture présente, de rappeler ces paroles héroïques de Mme la duchesse de Berry à quelqu'un qui lui faisait observer en 1832 que peut-être elle allait se battre pour Louis XVII, qu'on prétendait n'être pas mort : « Si le fils de Louis XVI existe, c'est ce que je ne puis savoir : au surplus, qu'il se fasse reconnaître, et sa place est à côté de moi. Quelle que soit l'issue du mouvement à la tête duquel je vais me placer, je n'entends me battre que pour la légitimité ; et, si le duc de Normandie reparaît, mon fils sera trop heureux d'être le premier aide-de-camp de son roi. J'aimerais mieux qu'il vécût avec mille écus de rente comme simple particulier à Edimbourg que de jamais monter sur un trône avec l'ombre d'un soupçon d'usurpation. » Nobles paroles dignes de l'épouse d'un prince mort pour l'honneur et la vérité!

Moi, je crois au duc de Normandie parceque je crois à la vérité, sans m'occuper de songer si cette vérité me sera profitable ou nuisible, dans un lointain que je ne suis pas sûr de voir. Or peu d'individus agissent avec un désintéressement absolu, dégagés de toute considération d'égoïsme. Le moi est consulté avant de se prononcer dans une affaire. Si le duc de Normandie existe, et qu'il arrive jamais une restauration, tous les rêves politiques s'évanouissent. Les influences acquises, les connaissances de crédit, l'importance des castes, des services passés, des relations ; tout en un mot, tout ce qui fondait l'espoir de l'orgueil des royalistes d'il y a quinze ans disparaîtrait devant un prince auprès duquel personne n'a de moyens de recommandation. Les légitimistes qui s'avoueraient le reconnaître, aujourd'hui qu'il a besoin des secours de la France, ne pourraient lui refuser l'offre de leur fortune, et la fortune, celui qui l'a la garde ; il n'en fait point part aux malheureux royalistes ruinés pour son parti. On encense le pouvoir de qui l'on attend quelque faveur. Le prétendant est si petit qu'on rougirait de le reconnaître. Le reconnût-on intérieurement, il faut l'assassiner politiquement en l'empêchant de prouver qui il est, car sa reconnaissance dérangerait tous les calculs de la cupidité. Ces raisons, que je ne développe pas, sont l'unique cause de l'indifférence, de l'hostilité qu'on oppose partout. Eh bien! ce dédain universel est un argument de plus encore à l'appui d'une vérité que les plus acharnés seront amenés à croire par une volonté supérieure qui se joue des efforts de l'homme, et qui resserre l'Océan dans son lit au moyen de quelques grains de sable entassés sur le rivage.

Si, immédiatement après l'apparition du duc de Normandie, j'avais remarqué un vaste déploiement d'enthousiasme et de convictions, je me serais tenu en garde contre les astuces et les intrigues d'une politique quelconque, parce-qu'alors j'aurais soupçonné la possibilité des combinaisons humaines. D'un autre côté, la police eût pris de l'ombrage : et qu'en serait-il advenu ? Une contrainte, un mystère qui auraient arrêté le cours des révélations qui doivent frapper de stupeur l'homme s'endormant avec sécuritésur la foi du secret impénétrable de ses actions. Néanmoins, dans une telle hypothèse, je n'aurais pas rejeté sans examen; telle n'est pas l'habitude que je me suis tracée depuis que sciemment j'ai roulé sur la scène du monde. Comprenons la similitude de cet événement, quelque imparfaite qu'elle doive être, avec celui d'un ordre tout céleste; l'aveuglementde la France avec l'aveuglement des Juifs. Une douzaine de pauvres pêcheurs ont prêché la religion de Jésus-Christ et converti les nations ; une douzaine de pauvres royalistes prêchent aujourd'hui l'existence du fils de Louis XVI. Les conversions sont lentes, difficiles, presque désespérées. Aux jours nébuleux du prince ce petit nombre d'amis l'assiste avec courage, malgré les entraves de la mission qu'ils accomplissent; cette mission prospérera puisque les hommes la repoussent et que Dieu la dirige. Il me semble voir l'étoile de Juda qui conduit les mages à Bethléem, ou cette nuée lumineuse qui dirige Israel vers la terre promise au milieu des ténèbres et des déserts.

Pourquoi, dit-on encore, le duc de Normandie a-t-il attendu jusqu'en 1830 pour commencer ses réclamations?

Si l'on avait pris la peine de lire les documents qui déjà ont été soumis à la publicité, on ne reproduirait pas avec tant d'autres une question qui n'en est plus une en présence de faits connus. Comment le prince pouvait-il réclamer, ayant été traîné de cachots en cachots, et dans les courts intervalles de sa liberté se trouvant dans la nécessité de se taire par le besoin de sa propre conservation. On conçoit qu'il n'a pu faire des démarches que sous le règne de ses oncles : or ces démarches, il sera prouvé qu'elles ont été mille fois réitérées et mille fois inefficaces : bien des royalistes de l'ancienne cour en pourraient rendre témoignage s'ils étaient animés du zèle de la justice et non matérialisés par l'égoïsme. Aussi, moi qui comprends tout en Dieu, je ne puis m'expliquer la révolution de 1830 et les causes qui l'ont fait éclater que par une impulsion surnaturelle qui dispense tout suivant les fins voulues de la Providence.

Une injustice permanente de quarante années exigeait une prodigieuse satisfaction : cette satisfaction, voilà six ans qu'elle pèse sur la tête des coupables. D'après l'état de la politique avant juillet 1830, la vie du duc de Normandie se fût consumée et probablement éteinte, obscurcie par les ténèbres du crime qui l'avait condamnée. Les principes d'un gouvernement élevé sur les ruines des anciens droits d'hérédité ont été pour lui la seule époque où il pût librement aborder le seuil de la justice. Les pouvoirs du jour ont sainement réfléchi que, l'existence du fils de Louis XVI venant à être judiciairement établie, ce ne serait qu'un citoyen de plus qui se serait fait naturaliser français ; que, cet auguste orphelin de 93 se trouvant en dehors des lois de proscription qui atteignent sa famille, il n'y avait pas de cause, à moins que d'agir arbitrairement, pour le priver d'une liberté que la législation lui assure, surtout tant qu'il ne se départira pas de la ligne de conduite qu'il suit franchement, et qui de sa part est un haut témoignage de la soumission qu'on doit aux lois du pays où l'on vit, quand ces lois ne contrarient en rien la conscience. Le duc de Bordeaux est l'homme de légitimité du parti royaliste ; qu'importe au chef de l'état qu'il y en ait deux? le premier, qu'on environne sur la terre d'exil de regrets et de vivat; l'autre qu'on a sous les yeux, qu'on délaisse, qu'on injurie, sans fortune, sans cour et sans courtisans : le duc de Bordeaux, qui vit au milieu des splendeurs d'une famille autrefois couronnée; le duc de Normandie, qui vainement a sollicité pendant vingt ans une reconnaissance de famille, désireux de cacher au monde des vérités dont les preuves irréfragables désoleront de vieux et nobles dévouements; le duc de Normandie, jamais homme politique, et qui encore aujourd'hui ne demande qu'un nom pour lui et pour ses enfants.

Ces causes morales de conviction ont été jetées sur un papier qui n'était pas destiné à voir le jour, par l'un des avocats du prince, et longtemps avant que les circonstances l'eussent appelé dans l'intimité de cet être si souverainement malheureux. Son dévouement à la cause qu'il a embrassée ne lui a pas permis de résister aux instances de quelques amis, qui le pressaient de communiquer au public ces réflexions détachées. On comprendra facilement que ces motifs de conviction sont totalement en dehors de ceux que, comme avocat, il a puisés dans des entretiens particuliers avec le prince et dans des documents authentiques qui feront la base des discussions de palais.

Dresde, mai 1836.

A MES AMIS DE FRANCE.

Mes amis,

Je réponds à vos désirs et je vous envoie quelques détails de mon voyage. Vous savez que j'ai parcouru une grande partie de l'Allemagne et que j'ai visité les villes du royaume de Prusse, où notre malheureux prince a passé quelques années de sa vie toute remplie de douleurs. Que ceux qui ne sont pas convaincus, et qui repoussent notre conviction comme une chimère, viennent interroger les mêmes souvenirs, ils cesseront bientôt d'être incrédules et de rire de la plus grande infortune qui soit au monde.

Qu'ils viennent interroger tous ceux qui ont connu le pauvre horloger de Crossen, et ils connaîtront bientôt la valeur de ces misérables articles de journaux qni ne déshonorent que leurs auteurs. Ils n'entendront partout qu'une voix pour attester la probité, la haute moralité de celui qui est aujourd'hui si odieusement calomnié parce-qu'il réclame les droits les plus légitimes.

Je pourrais dire d'où partent tous ces articles, et j'ai en main une lettre, au timbre de Prague, qu'une personne d'un nom connu écrivait à un journaliste allemand pour l'engager à servir ses petites intrigues. Le journaliste a refusé de prostituer sa plume; vos gazetiers de France n'ont pas été si délicats.

Je veux vous parler de cette condamnation de Brandebourg, dont ils cherchent à faire tant de bruit. Il faut remarquer que le prince craignait si peu le grand jour sur cette affaire qu'il provoqua lui-même la première publicité en faisant imprimer en 1831 dans un journal allemand, la *Comète de Leipsik*, tous les détails de ce procès avec une requête en révision adressée au ministre de la justice de Berlin, et signée Charles-Louis, duc de Normandie.

Monstrueuse iniquité des juges qui ont prêté l'arme de la loi à d'atroces persécutions politiques! Ce fait est si peu connu en France, où il a été calomnieusement dénaturé, que vous me saurez gré d'entrer dans quelques détails.

C'était en 1824 : le fils de Louis XVI méconnu était horloger à Brandebourg ; il apprend que Louis XVIII est malade, il lui écrit alors espérant que l'approche de la mort qui menace son oncle donnera peut-être quelque succès à des démarches souvent renouvelées et toujours infructueuses depuis dix ans. Il annonce formellement l'intention de se mettre en route pour la France, si on persiste à le méconnaître.

Peu après, la salle de spectacle de Brandebourg est incendiée; sa maison, presque contiguë, est anéantie dans le même incendie, et pendant qu'à la tête des habitants il cherche à concentrer et à étouffer les flammes qui menacent de dévorer toute la ville, sa petite fortune est pillée; il ne peut sauver que sa famille et ses papiers. Ses amis lui viennent généreusement en aide pour réparer ce désastre. Qui le croirait?... C'est dans de pareilles circonstances qu'un ordre venu de la *régence de Postdam* le fait accuser de l'incendie, lui victime de cet incendie! Mais l'absurdité de l'accusation fit qu'on y renonça bientôt; et le magistrat, avec des instructions secrètes sans doute, se contenta d'exiger de lui le *serment qu'il ne quitterait pas le pays sans la permission de l'autorité*. Quelques jours après il accompagna un de ses amis à Berlin, ne pensant pas qu'aller dans la capitale du royaume c'était manquer au serment exigé. A peine rentré dans son domicile, il est arrêté, saisi, emprisonné. Un ordre nouveau est venu de l'accuser d'avoir fabriqué de la fausse monnaie; en vain une perquisition est faite, on ne trouve rien qui puisse motiver l'accusation. L'instruction n'établit aucune charge; la fausseté de deux témoignages est démontrée par un *alibi*.

Durant l'instruction de cette affaire l'accusé déclare qu'*il est prince natif, que la preuve est entre les mains du cabinet prussien*. Cette déclaration est communiquée à Berlin, et de nouvelles rigueurs sont de nouveau exercées. La plus monstrueuse sentence qui ait jamais déshonoré les annales de la justice lui est signifiée après un an de secret non interrompu, au mépris de toutes les formes protectrices et contre toutes les lois. (1)

Voici la substance des considérants de cette sentence :

Attendu que, bien que les indices qui s'élèvent contre l'accusé Charles-Guillaume Naündorff ne soient point suffisants pour le condamner, une condamnation devient cependant nécessaire dans ce cas, parcequ'il s'est conduit pendant le cours du procès comme un menteur impudent, se disant prince natif, et laissant supposer qu'il appartient à l'auguste famille des Bourbons....

L'horreur et le dégoût sont les seuls sentiments qu'inspire cet incroyable arrêt. Oh ! ce n'est pas toujours le condamné qui est flétri par la condamnation!... Ainsi il est frappé comme *faux monnayeur*, non parcequ'il est coupable du crime de *fausse monnaie*, mais parcequ'il a déclaré qu'il est *né prince*. Une raison d'état a dicté le jugement ! Comme Judas qui avait vendu son maître, le caissier *Neumann*, receveur des deniers publics, s'est pendu de remords dans la salle même où il avait rendu témoignage ; mais le juge prévaricateur Schuttz, qui condamnait

(1) Le receveur des deniers publics *Neumann* déposait que huit jours avant l'accusation, M. Naündorff lui avait versé quinze écus faux ; deux témoins en outre déclaraient avoir vu l'accusé jeter à sept heures du soir dans la Sprée les outils et la matière servant à la fabrication, tandis que la voiture qui le ramenait de Berlin ce jour-là avait éprouvé un retard par suite d'un accident, et il fut constaté qu'elle n'était arrivée qu'à *neuf* heures. Voilà quels étaient les bases de ce procès dont le ridicule n'a pas besoin de commentaire.

l'innocent sous prétexte de prétendues nécessités politiques, n'a pas dit comme Pilate : *Crucifiez-le, je m'en lave les mains*. Dans cette cruelle épreuve de sa vie je le laisse juger par un homme dont le témoignage ne saurait être suspect. C'est le directeur de la prison de Brandebourg, le major baron de Sackendorff.

Je vous extrais quelques passages d'une lettre qu'il m'a adressée de Prusse :

« M. de Sackendorff atteste en son ame et conscience « que le détenu Naündorff se distinguait par une très « bonne conduite, qu'il vivait tranquille et éloigné de ses « compagnons d'infortune, se résignant avec courage à « sa triste situation. Il atteste aussi que pour sa part il « s'est convaincu, après les épreuves et les observations « les plus minutieuses, que le nommé Naündorff est un « homme très honorable, moral, dans toute la force du « mot, un honnête homme ; qu'il a regardé sa condam- « nation comme une erreur de la justice, et non comme « la suite d'un défaut de son cœur ou de son esprit, et « qu'il est convaincu qu'il restera toujours fidèle à ses « sentiments honorables dans le bonheur comme dans le « malheur. »

Dans une autre lettre du même je lis : « Les traces de « sa naissance n'ont pu être effacées par de longs malheurs. « Quelque chose de noble et d'imposant dans toute sa per- « sonne et dans sa manière de penser révèle son origine et « le distingue suffisamment. Je suis même sûr que s'il « avait été élevé pour devenir un jour roi, il aurait été « un prince extrêmement remarquable. »

Cette déclaration répond assez à toutes les calomnies parties de Prague et de Berlin, et colportées de Paris en Allemagne et d'Allemagne en France.

Voudrait-on soutenir maintenant que ce n'est qu'à l'époque de son procès criminel qu'il a commencé à élever des prétentions princières? Il est facile de répondre par des faits et et des témoignages incontestables.

A Berlin, M. Weiler, horloger, qui avait eu en 1810, dès l'arrivée en Prusse du pauvre dauphin, des relations avec celui qu'il ne connaissait encore que sous le nom de Naündorff, a subi depuis, à diverses fois et notamment en 1824, plusieurs interrogatoires sur la nature des confidences que lui avait faites M. Naündorff.

Weiler est mort, et je tiens ces particularités de sa veuve et de ses parents; un d'eux m'a dit encore: « Un « jour que je parlais avec M. Weiler de M. Naündorff, je le « pressai beaucoup de me dire ce qu'il en savait et de me « faire connaître qui il était; car toutes les fois que j'avais « adressé cette question-là à M. Naündorff lui-même, il « s'était tu, ou m'avait répondu seulement: C'est mon se- « cret. « Weiler me dit: « C'est un homme qui a été bien « malheureux, et qui fera peut-être un jour beaucoup de « bruit; sa naissance pourra exciter beaucoup d'intérêt. »

« Je me suis toujours rappelé, continua-t-il, qu'en 1811 « ou 1812 M. Naündorff, étant venu nous voir dans un « atelier de tourneur, nous répondit aux mêmes questions: « *Eh bien! si j'étais né prince ça vous surprendrait-il?* « Ce propos nous fit rire; depuis il ne reparut plus à l'ate- « lier. »

A Spandau, il était lié d'étroite amitié avec un instituteur nommé Preiss, homme de bien par excellence et jouissant de l'estime et de la considération de tous ses concitoyens. M. Preiss pratiquait avec soin l'amitié d'un homme qui lui paraissait digne de toute son estime; souvent ils allaient converser ensemble dans un jardin que le fils de Louis XVI cultivait de ses propres mains, sur les bords de la Sprée, qui baigne les murs de la forteresse de Spandau; souvent aussi, dans les épanchements de l'amitié, Preiss avait vu couler les larmes de son ami il avait entendu ses soupirs; mais jamais il n'avait pu avoir d'explication sur la malheureuse histoire des grandes infortunes qui avaient agité si cruellement son existence. Seulement M. Naündorff lui dit plusieurs fois, *qu'il avait beaucoup d'ennemis et de grands ennemis, qui avaient fait périr sa famille, et qui le poursuivaient toujours*; et malgré les instances souvent réitérées de M Preiss et de madame Bluëber, veuve d'un capitaine qui le voyait aussi fréquemment, il refusa toujours de donner aucune explication à ces paroles, qui en révélant une profonde mélancolie affligeaient sincèrement ces excellents amis.

Un jour seulement, c'était en 1822, le prince avait quitté depuis quelques mois la ville de Spandau, et il était allé habiter l'ancienne capitale de la province de Brandebourg, fameuse par les électeurs de ce nom, dont la dynastie est aujourd'hui assise sur le trône de Prusse; il revint à Spandau terminer quelques affaires, et il avait accepté un logement chez son ami : la servante trouva un matin dans le lit de l'hôte de M. Preiss *un médaillon d'or attaché par un ruban noir*; elle porte ce médaillon à madame Preiss, qui le remet à son mari : celui-ci reconnaît aussitôt *le portrait de Louis XVI*. M. Naündorff était sorti, et quand il rentra M. Preiss lui présentant le médaillon lui dit : *Voici ce que vous avez perdu, c'est le portrait de Louis XVI!* M. Naündorff devint aussitôt, suivant les expressions de M. Preiss, *comme craintif et tout tremblant*; et prenant son ami par le bras, il lui montre le ciel : *Aussi vrai comme il y a un Dieu là-haut*, lui dit-il, *cet homme était mon père!... mais n'en dites jamais rien, car ce secret vous perdrait avec moi.*

Lorsqu'en 1834 le bruit se répandit à Spandau que M. Naündorff avait été emprisonné comme faux monnayeur, l'étonnement et la douleur furent universels; M. Naündorff s'était montré toujours bon, honnête, vertueux ! Pendant dix ans de séjour il avait été entouré de l'estime de tous.

Je dînais chez un aubergiste nommé Heintz ; j'avais placé à table devant moi le portrait en miniature du prince; ce brave homme le reconnut aussitôt : *O gut herr Naundorff! Sehrr gut herr Naundorff? O bon M. Naündorff, excellent M. Naündorff!* s'écria-t-il aussitôt en prenant le portrait qu'il baisa avec transport.

Il était, ajouta-t-il, *fier, bon, aimant à rendre service. Oh! pourquoi n'est-il pas resté à Spandau, avec nous qui l'aimions tant; car à Brandebourg il a été bien persécuté, bien malheureux! Lorsque j'ai appris qu'il était en prison pour fausse monnaie je ne l'ai pas cru, et je ne le crois pas encore : il était si honnête homme, si obligeant!*

A Crossen, le colonel Netter, ancien officier de l'état-major de Blucher, a visité souvent dans son modeste atelier le pauvre horloger ; il a toujours vu en lui un homme franc, loyal, incapable de mentir. En 1828 M. Naündorff lui dit qu'il était né à Versailles, que sa famille avait péri victime de la révolution; il lui donna tant de détails sur l'intérieur du palais de Versailles que M. Netter, qui avait visité avec soin ce palais en 1815, fut aussitôt convaincu que cet homme avait passé dans ce palais les premières années de son enfance; car il se rappelle parfaitement que M. Naündorff lui demanda s'il avait vu dans *telle et telle partie* du château de Versailles et des Tuileries *certains objets* qu'on a dit à M. Netter avoir été enlevés pendant la révolution, et aussitôt après la mort de Louis XVI.

De pareils témoignages parlent bien haut et ne sauraient être détruits par les efforts de toutes les intrigues. Que vos journaux prostituent indignement leur plume en la mettant aux gages d'une infâme coterie ; qu'ils calomnient et cherchent à assassiner moralement celui que la Providence a conservé miraculeusement sous le poignard des assassins : tôt ou tard la justice se fera jour ; elle percera les nuages que les passions des hommes soufflent autour d'elle pour l'obscurcir ; la vérité triomphera ! L'homme vertueux long-temps persécuté ne saurait gémir toujours sous l'oppression la plus dure.

Le souvenir du fils de Louis XVI, de l'honnête horloger, vivra long-temps dans la mémoire de ceux qui l'ont connu. A Spandau, à Brandebourg, à Crossen, on s'est demandé souvent : Quel est donc cet homme vertueux qui est étranger parmi nous, que personne ne connaît ? Quelle est sa patrie, le lieu de sa naissance, dont jamais il ne parle ? Quels sont ses parents, dont jamais sa bouche ne prononce le nom ? Sans doute son existence a été battue par de grands orages, sa vie a été marquée par de grands malheurs, car malgré la fierté de ses traits et la noblesse de son front une profonde mélancolie est empreinte sur toute sa physionomie ; il recherche la solitude, il fuit presque tous les hommes comme si les hommes étaient ses ennemis !...

Aujourd'hui que l'illustre victime a rompu ce silence qui lui était imposé par la nécessité, aujourd'hui que toute l'Europe sait qu'il réclame le titre de fils de Louis XVI, le mystère est éclairci : on s'explique maintenant comment il ne disait ni sa naissance, ni ses parents, ni sa patrie ; comment il aimait à vivre seul et évitait la société des hommes ; on comprend pourquoi il était toujours vêtu de noir ; car c'est un fait qui est à la connaissance de tous, que durant tout le temps qu'il est resté réfugié en Prusse il n'a pas quitté les habits de deuil. Eh ! comment les aurait-il quittés, lui, pauvre orphelin victime de tant de catastrophes, lui, persécuté de ceux qui devaient le protéger !

Il est de notoriété publique encore qu'à certains jours de l'année il s'enfermait pour jeûner et pleurer : alors il voulait rester seul avec sa douleur et ses souvenirs. En vain on le questionna souvent pour savoir la cause d'une manière de vivre si extraordinaire : à ceux qui l'interrogeaient il répondit plusieurs fois, sans vouloir donner aucune autre explication, que *c'était un vœu qu'il avait fait.*

Parmi les jours consacrés à sa douleur il y en avait un qui ne pouvait pas être inaperçu, parceque ce jour, qui rappelle un grand crime, une grande catastrophe, est gravé dans tous les souvenirs, est écrit en caractères de sang dans l'histoire de tous les peuples de l'Europe : ce jour C'EST LE 21 JANVIER ! Et lorsqu'au milieu de la France des parents dénaturés déployaient le superbe luxe d'une feinte douleur, allaient verser des larmes hypocrites sur la tombe d'un frère dont ils persécutaient le fils, vouaient à l'exécration des siècles des hommes dont ils se faisaient les complices, lui, pauvre orphelin, martyr vivant, songeait aussi au 21 *janvier*, et pleurait. Ses larmes étaient bien amères ; il pleurait sur une terre étrangère ; pas un ami pour pleurer avec lui, pour partager avec lui le poids de sa douleur. Il n'élevait point de fastueux catafalques, mais il pleurait et il priait !... Il priait pour la France, pour ses persécuteurs ;... pour sa sœur aussi, que des méchants ont trompée, pour cette sœur à laquelle il ne pense jamais sans une si vive et si tendre émotion...

Les dates ont une éloquence bien significative, et l'horloger de Spandau et de Crossen, jeûnant et pleurant le 21 janvier, ne peut être un intrigant, un imposteur. A ce seul trait qui pourrait ne pas reconnaître le malheureux orphelin du Temple !

Je vous donne maintenant copie d'une lettre qui m'a été écrite de Crossen par un des hommes les plus honorables du pays, et qui a connu pendant cinq années le prince méconnu et persécuté dont il fut le consolateur et l'ami. Vous croirez lire quelques pages du naïf Michel Montaigne avec son vieux style et sa gothique débonnaireté. Je lui avais adressé par écrit quelques questions sur la manière dont il avait connu à Crossen M. Naündorff; sous quels rapports il l'avait connu, dans quelles circonstances il avait percé le mystère de sa naissance, etc.

Voici donc la lettre que j'ai reçue en réponse :

COPIE DE LA LETTRE DE M. CHARLES GAEBEL.

Crossen, 22 avril 1836.

A monsieur Laprade.

« Je réponds, monsieur, avec beaucoup de plaisir à vos questions que je tiens pour des témoignages de votre impartialité et équité.

« Je connais M. Naündorff depuis novembre 1829. Je lui fis ma visite la première fois afin qu'il me travaillât quelque chose mécanique que personne ne me put faire qu'un bien adroit artiste mécanique : tel on me l'avait recommandé. Je trouvai en lui un horloger qui n'avait assez de travail, qui enseigna ses enfants lui-même et ne les laissa fréquenter l'école publique. Sa fille aînée commença alors le clavecin ; elle sembla d'avoir douze ans. Un fils de neuf ans commença à écrire le français, le latin, etc.

« M. Naündorff me reçut très amical, et l'idée mécanique que je voulais poursuivre l'animait lui-même de produire d'autres qui lui auraient donné le droit de se nommer l'inventeur.

« Souvent il me promit de me faire son compagnon et sociétaire quand il trouverait dans le chemin pratique ce qu'il me croyait encore cherchant.

« Mais mon idée, je ne persécutais plus... Il me dit souvent que les savants ne pourront jamais trouver ce que la nature leur détourne, parcequ'ils voient seulement dans les livres et dans leur propre esprit, pendant que les amis de la nature poursuivent elle-même. Je le lui croyais sans savoir qu'il pourrait compter moi-même dans le nombre de tels savants...

« Je le voyais bien souvent, et nous parlâmes beaucoup de toutes les affaires humaines,... de notre foi religieuse;... et le caractère de cet homme me parut bien aimable. Il fut bien instruit des peines des hommes et plein de la volonté d'aider par son conseil et ses actions à tout le monde. Il savait un grand nombre de choses utiles dans les maladies; et tel lui dut sa santé à de bons conseils ou à des remèdes que mon ami préparait lui-même.

« Quand j'aperçus qu'il écrivit mal je l'instruisis dans l'écriture allemande. Je lui parlai souvent de Dieu et d'une application nécessaire à notre Sauveur, de ma conviction de sa déité, de la vérité de tous les prodiges qui sont racontés dans le nouveau Testament, de la nécessité des prières, etc... Mon ami secoua souvent la tête, disant qu'il ne croit rien, qu'il était tout comme les anciens païens.

« Je ne pus comprendre une si grande crudité de l'esprit; je tâchai de la convaincre par toutes les raisons que je pus trouver pour la chose de la vérité.

« Nous nous levâmes presque chaque jour de bonne heure au printemps de l'an 1830, et nous allâmes dans la belle nature; nous lûmes le nouveau Testament et parlâmes sur les principaux passages. Il montra un esprit clair et adonné au bien. Mais croire à la déité, à la résurrection de notre Sauveur après sa mort, il ne put pas. Un jour, étant ému de son grand malheur : *Mon ami*, me disait-il, *je vous montrerai la cause de mon incrédulité... Je hais la religion chrétienne parceque les hommes les plus cruels la professent..... Ils m'ont enseigné que cette religion n'était qu'un mot..... Que les hommes fassent ce à quoi ils puissent répondre devant le juge! J'ai appris de ma jeunesse : Fuyez les hommes, car ils ne sont pas hommes, et cela est vrai, ou montrez moi un homme qui soit tel comme il dit, en chrétien: je l'aimerai, je le croirai.*

« Ces entrètiens me provoquèrent de lui être ami et vrai chrétien, comme à tous les autres. La confiance lui ouvrit aussi son cœur sur le mystère de son histoire et de sa naissance.

« Il me donna un jour un cahier écrit par sa main, qui contenait l'essentiel de sa vie: ce cahier avait environ une demi-main, et contient aussi son testament; car il l'avait écrit croyant de mourir bientôt. Alors il était content d'avoir trouvé un homme qui méritait sa confiance et dans le cœur duquel il pouvait verser le torrent des larmes que les malices des hommes avaient repoussées du fond de son intérieur. Il parut devant tous les hommes gai et presque fier, ne personne le vit jamais pleurer; mais quand il me découvrit le fond secret de son cœur il pleura long-temps, et toute la journée que je restai là coulaient ses larmes sur ses joues, et il me dit sans beaucoup de paroles que de grands malheurs l'avaient frappé et rencontré, et que les siens et ceux de ses parents méritaient les larmes les plus ardentes. Le ton de son récit était celui d'un mort, ou comme parle un père déjà élevé de dessus les amertumes de la vie.

« Je me jetai à son cou, je pleurai avec lui, je promis de lui être toujours ami et de lui montrer que le plus pur dédommagement de tous ses malheurs serait dans la sincérité de mon amitié. J'avais la plus grande compassion pour un homme qui avait une si cruelle histoire : toute mon amitié était compassion.

« Je connaissais l'histoire de ce prince et de ses parents

comme elle est racontée dans l'histoire universelle, mais son écriture était une continuation intéressante pour moi. Je compris maintenant son ignorance dans les sciences, dans l'histoire universelle, dans la géographie et dans la religion.... Il m'avouait qu'il n'avait jamais été reçu à la sainte Cène, qu'il était par conséquent encore païen.

« Je trouvais tout dans le rapport le plus sévère : sa haine de la religion chrétienne, son incrédulité, l'empêchement de ses enfants à l'école et à l'église, son ignorance dans les sciences ; ses larmes au récit de la mort de Louis XVI, de son enfance, de l'amour de sa mère, de sa sœur, etc., tout était dans la plus belle harmonie. Je croyais enfin son histoire, et donnai à mon ami si chéri les meilleurs conseils que je savais. Je ne lui conseillai pas de dire à tout le monde ce qu'il était, car je craignis que tout son malheur reviendrait quand il dirait à personne sa naissance. Je craignis autant le ci-devant roi de France, Charles X, que Louis XVIII. Mon ami le connaissait aussi fort bien, et m'obéissait. Il connaissait la nouvelle histoire des rois de France parfaitement ; il lisait la gazette avec beaucoup d'ardeur, et le plus le chapitre de la France. Il me disait souvent que les rois de la France étaient environnés de faux amis et d'aveugles conseillers ; il avait prévoyé presque toute l'histoire du bannissement des Bourbons, et il ne se nomma plutôt prince de France que quand cette chérie famille n'existait plus dans ce royaume. M. Petzold syndic lui avait conseillé cela ; et ses renseignements étaient adresses d'abord à notre juste roi Frédéric-Guillaume III. Il partit deux fois pour Berlin ; mais on n'a pu répondre à une chose qui tient aux mains des personnes les plus puissantes de l'Europe et de sa sœur encore vivante.

« Cependant deux ans étaient coulés, et nous commençâmes l'an 1832 comme notre bon Petzold mourut. Je l'ai vu dans sa maladie; une fois je lui parlai tout seul. Il était un homme de grand amour pour la justice; il avait beaucoup de droiture et de bienfaisance, mais ses bonnes actions ne devait savoir personne.

« Il serait à présumer que sa vie lui a été ôtée. La cause en doit être cherchée dans sa protection de M. Naündorff; car celle ci était magnifique et digne d'un fils royal qui est abandonné de tous ses parents et persécuté de tout le monde, afin que celui-ci ressente que tous les hommes ne sont pas méprisables, quand même la plupart.

« M. Naündorff apprit bien facilement le français, mais on ne pouvait pas entendre dans son langage allemand qu'il n'ait pas parlé l'allemand dès son enfance; au contraire il parlait l'allemand avec beaucoup de saisie, et il ne connut plus une autre langue excepté un peu de français. Mais je lui donnai un livre aisé pour traduire : dans peu de temps il le comprit et le finit Je lui donnai maintenant le Télémaque, qu'il n'a pu assez lire, relire et admirer. Celui-là était un livre écrit pour lui-même. Il l'aimait tant qu'il le mena avec lui à son voyage pour la Suisse.

« Son caractère après ses renseignements de sa naissance était plus pur, plus amical et plus humain que d'abord. Il guérit beaucoup d'hommes de leurs maladies; il enseigna ses enfants soigneusement; il avait une foi à Dieu qui était bien pure et puissante, et ses actions étaient des témoignages d'une salutaire réactivité de son ame. Auparavant il avait souvent joué de la vérité, mais à présent elle lui était sainte. Sa volonté sur tout était bien idéale et parfaite, mais sa défiance le baissa souvent et le fit pécher aussi contre la sincérité de mon amitié. Mais je ne veux rien de lui; je suis bien content puisqu'il vit, et je souhaite que son désastre soit fini.

« Je finis ces mots en me recommandant à votre amitié, et je suis, etc.

« *Signé* Carl Gaebel, docteur. »

Dites-moi : dans le tableau de la vie privée d'un homme dont les sentiments les plus intimes sont mis à nu par un autre homme qui a eu tout le temps de l'étudier et de le connaître ; par un autre homme aussi bon, aussi simple, aussi vertueux que lui, ne reconnaissez-vous pas à chaque ligne le cachet inimitable de la vérité, ne retrouvez-vous pas le fils du plus infortuné des monarques ! Ecoutez-le : *Je hais la religion chrétienne parceque les hommes les plus cruels la professent ; ils m'ont enseigné que cette religion n'était qu'un mot*..... Ne vous semble-t-il pas entendre les malheureux Mexicains répondre à Fernand Cortès et à ses cruels Espagnols : *Vous nous prêchez un Dieu de paix et vous nous égorgez ; un Dieu bon, et vous êtes barbares ! Allez, vous n'êtes que des imposteurs ; votre Dieu n'existe pas ; car s'il était vous seriez humains et nous serions vos frères.*

N'en soyez pas surpris : si jamais l'excès d'une infortune imméritée a pu jeter un cœur humain dans le délire du désespoir ; s'il en a chassé par degré presque toute croyance religieuse ; s'il l'a conduit pas à pas jusqu'à ce doute épouvantable de l'existence d'une religion révélée, c'est que ce cœur est celui d'un juste, c'est que ce juste était brisé par toutes les tortures.

Depuis cette époque cette religion consolatrice a brillé de tout son éclat aux yeux de l'infortuné prince ; elle a affermi en lui avec l'amour de la justice l'horreur de toute hypocrisie.

Jetez les yeux sur la vie de cet homme, parcourez-la

d'un regard rapide; voyez ce fils de roi arraché violemment du trône qu'il devait occuper; voyez ce pauvre enfant plongé si jeune au fond d'une noire prison, abandonné aux mains d'ignobles geôliers, qui l'assassinent en détail et la nuit et le jour; puis sautez d'un seul coup vingts ans de cachots, d'adversités toujours renaissantes; arrivez à l'artisan paisible qui gagne sa vie par son travail de tous les jours; contemplez ce citoyen honorable environné de l'estime et de l'amitié universelles, et que ni son innocence, ni ses vertus, ni ses malheurs n'ont pu dérober à une accusation infamante et au châtiment des malfaiteurs. Ce n'est pas tout, il lui était réservé de connaître des tortures morales plus accablantes que les tortures physiques; il a compté ses propres parents à la tête de ses persécuteurs les plus cruels! Oh! quand Louis XVI, condamné à mourir de la plus affreuse des morts, dictait à son fils ses dernières volontés dans un testament qui ne périra pas, quand il lui recommandait de pardonner à leurs ennemis communs, il était loin d'y comprendre ses frères!.... Quelle extension douloureuse il a dû donner aux instructions paternelles, l'orphelin du Temple! Ces protecteurs qu'il avoit reçus de la nature pour lui tendre la main, pour le guider et le chérir, ces protecteurs l'ont renié pour leur parent; ils lui ont ravi son héritage, ils lui ont ravi son nom! Ces protecteurs..... se sont changés pour lui en bourreaux, ils l'ont poursuivi par la misère et la calomnie.

Voilà l'homme qui a pu douter quelque temps d'une religion qui lui montrait des frères dans ses semblables; voilà ce proscrit qui paraissait gai et presque fier en public, renfermant en lui-même ses douleurs infinies, dévorant ses larmes en secret, mais qui seul avec un ami digne de sa confiance met à nu toutes les plaies de son cœur, s'abandonne aux larmes des heures, des journées entières; vous direz comme moi : Oh ! oui, c'est bien là le véritable orphelin du Temple.

Il me reste à vous parler de l'admirable famille au milieu de laquelle j'ai eu le bonheur de passer plusieurs semaines : *Madame* est un ange de bonté et de douceur, pleine de sensibilité, passant presque tous les jours dans les pleurs, priant pour la France et pour son mari.

La famille se compose de six enfants : Mademoiselle *Amélie*, qui reçut ce nom en mémoire du nom que portait madame la duchesse d'Angoulême dans le voyage de Varennes, est l'aînée ; elle aura bientôt dix-sept ans; c'est une personne d'une beauté rare ; portrait vivant de la belle Marie-Antoinette, sa ressemblance avec madame la duchesse d'Angoulême n'est pas moins remarquable. Cette ressemblance ne consiste pas seulement dans les traits du visage, mais encore dans le caractère, le port, le maintien, les manières de la reine.

Plus d'une fois j'ai entendu de sa bouche le récit touchant de leurs infortunes passées. Lorsque son bon père, effrayé de la menace de nouvelles persécutions, quitta furtivement la Prusse et prit le parti de venir réclamer en France le nom qui lui appartient, sa famille se trouva réduite tout à coup à une affreuse misère ; alors mademoiselle Amélie, s'armant d'un noble courage, consolait sa mère; ses doigts maniaient l'aiguille tout le jour et une grande partie des nuits, et le fruit de son travail nourrissait sa mère et ses frères.

Elle m'a souvent raconté que dans son enfance, et lorsqu'elle n'avait encore que cinq ou six ans, son père la prenait sur ses genoux, la fixait tendrement et disait, en la regardant : *Ma fille, comme tu ressembles à ma pauvre mère* ! Il lui parlait aussi souvent de la France...

Madame ignora long-temps le secret de la naissance de son mari ; seulement elle savait, même avant son mariage, qu'il était Français, né à Versailles; que ses parents avaient péri dans la révolution, et que de grands malheurs l'avaient forcé de se réfugier en Prusse. Un jour il lui montra un portrait que depuis elle a reconnu être celui de *Marie-Antoinette*, et lui dit : *Tiens, vois ma mère ; mais tu ne sauras jamais qui elle était !....*

Charles-Louis, âgé de six ans, a une ressemblance si grande avec Louis XVIII qu'il est impossible de n'en être pas frappé. Chose surprenante ! dans cet enfant de six ans il semble qu'on voit revivre le vieux comte de Provence. Son front, ses yeux, son regard, ses joues tombantes, son nez aquilin écrasé par le bout, son menton, tout rappelle parfaitement le chef de la famille restaurée de 1815.

Edmond, âgé de trois ans, ressemble au Dauphin enfant. Un portrait de ce prince peint à l'âge de deux ans et demi a été conservé par un ancien éduc de la reine, à qui Marie-Antoinette l'avait elle-même donné.

J'ai porté à Dresde la copie de ce tableau faite avec beaucoup de soin. Un grand nombre de personnes de distinction ont demandé à en vérifier par elles-mêmes la ressemblance, qui est telle qu'un bon peintre voulant faire le portrait de cet enfant ne ferait que la copie du tableau.

La ressemblance du prince, vous le savez, avec la famille des Bourbons, et principalement avec Louis XVI et Marie-Antoinette, est telle que ceux qui ont connu ce malheureux roi et cette infortunée princesse retrouvent en lui tous leurs traits.

Dira-t-on que tant de ressemblances, tant d'analogies réunies sont l'effet des jeux bizarres de la nature, des accidents que l'on ne peut expliquer mais qui ne prouvent rien? Il faut avouer au moins que c'est quelque chose de bien extraordinaire que ces hasards, que cette analogie qui se reproduit dans toute une génération ;

non seulement pour la ressemblance physique, mais aussi pour la ressemblance morale, pour le caractère, les goûts, les habitudes de l'esprit, les inclinations du cœur. Ne faut-il pas plutôt reconnaître que la nature nous offre aussi ses preuves, plus infaillibles souvent que celles que nous allons puiser dans nos registres de l'état civil.

XAVIER LAPRADE, avocat.

FIN.

BIBLIOTHÈQUE ROYALE
I

www.ingramcontent.com/pod-product-compliance
Ingram Content Group UK Ltd.
Pitfield, Milton Keynes, MK11 3LW, UK
UKHW021032180726
13838UKWH00004B/1749